DÉCORS ET CRÉATIONS POUR

un mariage de rêve

EDITIONS FLEURUS

Éditions Fleurus
15-27, rue Moussorgski, 75018 Paris

Conception et direction d'ouvrage : Bellingham Media - Françoise Detay Hessel
Direction éditoriale : Christophe Savouré
Direction artistique : Danielle Capellazzi
Édition : Valérie Monnet
Conception graphique et mise en page : P. Lopez et S. Pouradier
Photographies : Jean-Luc Scotto
Stylisme : Franck Schmitt

Les objets ont été réalisés par :
Céline Markovic (pages 6 à 17, 34 à 37)
Émilie Delpierre (pages 26 à 29, 46 à 57)
Natacha Seret (pages 32-33, 66 à 77)
Franck Schmitt (pages 30-31 et la coordination des bouquets)

Dépôt légal : novembre 2001
ISBN : 2-215-07097-8
1re édition. N° d'édition : 93284

Imprimé en Espagne par Gràficas Muriel

Mariage Féerique

Mariage Romantique

Mariage Passion

Mariage Champêtre

Mariage
Féerique

Féerie du verre

Des anges déposent leurs ailes de papier au pied des verres, sur les assiettes... et le dîner prend soudain des allures de rêve éveillé.

1 Reporter les différents patrons des ailes sur le papier calque.

2 Découper soigneusement chaque motif.

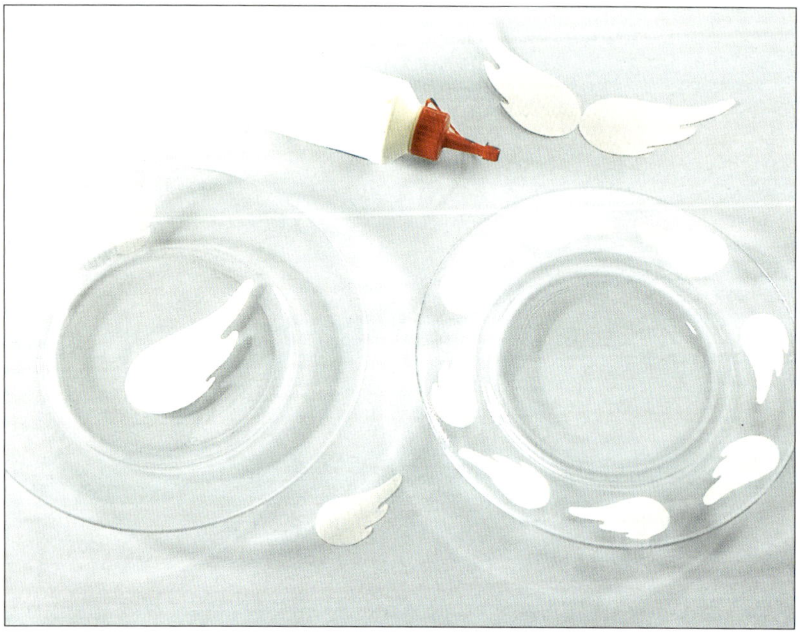

3 Fixer des ailes sur l'envers des assiettes avec un point de colle.

CONSEIL
Varier la taille et la position des motifs selon les réalisations.

4 Pour les flûtes, coller de grandes ailes doubles autour des pieds.

FOURNITURES

- assiettes plates et assiettes à dessert en verre transparent
- flûtes à champagne
- papier calque (blanc, nervuré)
- colle blanche
- patrons page 88

FOURNITURES

- supports de barrettes
- serre-tête en plastique blanc
- fil de fer fin galvanisé blanc
- perles rondes nacrées
- plumes blanches
- feutrine blanche
- 15 cm de gros grain blanc de 1,5 cm de large
- 15 cm de croquet blanc de 1,7 cm de large
- chutes d'organdi blanc
- pince coupante
- papier calque
- colle
- patrons page 88

Les demoiselles à l'honneur

Parées de plumes, de perles et de rubans, les petites filles deviendront princesses le temps d'une journée.

Ensemble "plumes"

Pour le serre-tête, couper trois morceaux de fil de fer de 10 cm. Fixer une perle à l'extrémité de chacun d'eux et enrouler l'autre extrémité sur le serre-tête. Coller ensuite les plumes une à une. Pour la barrette, commencer par coller les plumes puis coller trois perles par-dessus.

CONSEIL
Pour un maintien parfait, il est préférable de fixer les plumes au pistolet à colle.

Barrettes

Couper du gros grain de la longueur d'une barrette et le coller sur la partie plate. Couper du croquet de même longueur et le coller par-dessus. À l'aide des patrons, réaliser des ailes en feutrine et en organdi. Coller les ailes en feutrine sur la barrette et celles en organdi par-dessus.

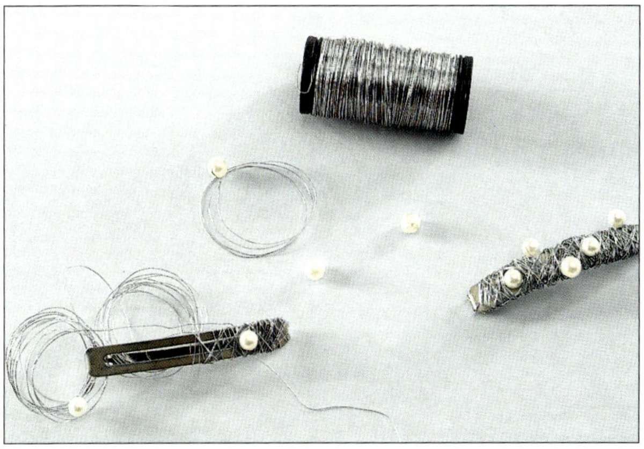

Couper 25 cm de fil de fer. Le fixer et l'enrouler autour de la partie plate d'une barrette en y glissant quelques perles.

Petits pieds mignons

Tels de délicats écrins, voici des ballerines légères pour accompagner la mariée... sur la pointe des pieds.

CONSEIL
Pour un maintien sans couture, on peut fixer les plumes et les roses à l'aide d'un pistolet à colle.

Les plumes

1 Choisir les plumes selon leur courbure afin qu'elles s'adaptent à la forme des ballerines. Les coudre une par une, au niveau de la tige.

2 Coller le duvet sur les plumes, puis coudre des perles sur le coup de pied des ballerines.

Les roses

1 Coller du croquet blanc de 7 mm sur le pourtour extérieur de chaque ballerine. Couper des morceaux de croquet de 10 à 15 cm dans les deux largeurs différentes. Les enrouler pour former de petites roses et les maintenir avec un point de colle.

2 Coller et coudre les roses bien serrées entre elles sur les ballerines, puis coudre des perles sur le coup de pied.

FOURNITURES

- ballerines en toile blanche
- plumes blanches et duvet
- perles rondes nacrées
- 2 m de croquet blanc de 7 mm de large
- 2 m de croquet blanc de 12 mm de large
- épingles à tête
- colle

Nappe diaphane

D'organdi délicat et de tarlatane blanche, un voile aérien nimbe la table de douceur.

1 Réaliser un double rentré de 5 mm tout autour de la nappe en organdi. Épingler, coudre et repasser à fer doux.

2 Bien repasser le petit morceau d'organdi et y reporter des paires de grandes ailes et des petites ailes. Puis reporter des paires de grandes ailes sur la tarlatane. Découper soigneusement tous les motifs.

3 Disposer et coller les grandes ailes en frise sur la nappe à environ 10 cm du bord : alterner une paire d'ailes en organdi avec une paire en tarlatane recouverte d'une en organdi. Puis coller les petites ailes sur l'ensemble de la nappe.

FOURNITURES

- pièce d'organdi blanc selon la dimension de la table et 30 cm d'organdi pour le décor
- 30 cm de tarlatane blanche en 110 cm de large
- papier calque
- colle blanche
- patrons page 88

La couronne des mariés

Symbole de l'union, cette couronne de plumes et de perles abritera les initiales des époux.

1 Sur le papier calque, tracer les initiales des prénoms des mariés et reporter quatre fois le patron de l'aile. Découper soigneusement tous les éléments.

2 Recouvrir entièrement la surface de la couronne en collant des plumes.

CONSEIL
Pour un maintien parfait, il est préférable de fixer les plumes au pistolet à colle.

3 Enfiler les perles sur les épingles. Entrelacer les longueurs de ruban et de gros grain autour de la couronne. Avec les épingles, fixer les initiales, les ailes en papier calque et les rubans. Pour créer un lien d'attache, plier en deux le gros grain de 1 cm de large et le fixer à la couronne, à l'aide d'une épingle.

FOURNITURES

- couronne en polystyrène de 25 cm de diamètre
- 1,20 m de gros grain blanc de 0,5 cm de large et 25 cm de 1 cm de large
- 1,20 m de ruban de satin blanc de 0,5 cm de large
- plumes blanches
- petites perles nacrées
- papier calque fort blanc
- épingles à tête
- colle
- patrons page 88

Idées déco en un clin d'œil

Petit vase aux orchidées
Lier ensemble quelques orchidées blanches à l'aide d'un long brin de raphia. Les placer dans un beau verre.

Jolis porte-noms
Découper des rectangles de papier calque épais de 10 x 7 cm, les plier en deux et y reporter le patron des ailes page 88. Découper les ailes jusqu'à la pliure et y inscrire les noms des invités.

Écrin d'alliances
Recouvrir une petite boîte ronde avec du papier gaufré. Peindre le papier et l'intérieur de la boîte en blanc. Reporter deux fois le patron de la paire d'ailes, page 88, sur le papier gaufré et coller les ailes dos à dos. Plier les ailes et les coller sur le couvercle.

Cadre souvenir
Entrelacer un ruban de voile sur la plaque de verre et le nouer au sommet pour créer un lien d'attache. Coudre des perles aux croisements du ruban. Glisser une photo sous les rubans.

Bougies ailées
Réaliser plusieurs ailes en papier calque épais à l'aide du patron page 88 et les coller sur des bougies chauffe-plats. Dans du papier calque épais, découper et plier des paires d'ailes. Piquer l'extrémité d'un morceau de fil de fer au-dessus du pli et fixer l'autre extrémité sous la bougie. Attention à bien éloigner les ailes des flammes !

Le bouquet de la mariée

Créer un bouquet rond

Disposer les fleurs à portée de main par groupes de même variété. En prendre plusieurs dans une main en tenant les tiges au tiers de la hauteur. Les croiser en répartissant les végétaux par groupe de trois ou quatre fleurs de même variété. Élaborer le bouquet en tournant régulièrement la main d'un quart de tour. S'il devient difficile à tenir en main, maintenir les tiges à l'aide d'un élastique avant de disposer le reste des fleurs. Quand le bouquet est terminé, le lier à l'aide d'un brin de raphia en recouvrant l'élastique. Couper les tiges pour les égaliser.

1 Nettoyer les tiges en enlevant toutes les feuilles et les couper à 25 cm. Prendre la moitié des fleurs et recouper les tiges d'environ 10 cm. Commencer le bouquet rond avec les tiges les plus longues et le terminer avec les autres.

2 À l'aide de raphia, lier le bouquet juste en dessous de la base des fleurs et au niveau des tiges les plus courtes.

3 Entrelacer une grande longueur de raphia pour entourer toute la hauteur des tiges.

VÉGÉTAUX

- 3 bottes de lisianthus double blanc

FOURNITURES

- raphia
- élastique
- sécateur

VÉGÉTAUX

- feuillage de charme ou de charmille
- 5 agapanthes blanches
- 3 branches d'arbre-à-perruque

FOURNITURES

- fil de fer fin de fleuriste
- fil de fer épais
- pince coupante

Un cœur à suspendre

1 Former un cœur avec du fil de fer épais et croiser les deux extrémités pour le maintenir fermé. Recouvrir le cœur avec des petits groupes de feuillage en les fixant au fur et à mesure à l'aide de fil de fer fin. Bien juxtaposer les fleurs et le feuillage pour cacher les tiges.

2 Ajouter les fleurs blanches d'un seul côté du cœur afin de créer une dissymétrie dans la composition.

CONSEIL
Vaporiser régulièrement le cœur afin de conserver sa fraîcheur. Il pourra ensuite être séché et constituer un joli souvenir de la fête.

3 Pour suspendre le cœur, faire une boucle en fil de fer, la fixer au milieu du sommet et la masquer avec du feuillage.

La ronde aux orchidées

1 Former un cercle de 35 cm de diamètre en fil de fer épais et croiser les deux extrémités pour le maintenir fermé. Recouvrir le cercle de fleurs et de feuillage. Les fixer au fur et à mesure avec du fil de fer fin. Bien juxtaposer les plantes pour cacher les tiges. Terminer en attachant des traînes de lierre ou de vigne vierge.

CONSEIL
Vaporiser régulièrement avec de l'eau afin de conserver la fraîcheur des végétaux.

2 Former des petits bouquets de trois ou de cinq orchidées et les lier avec du raphia.

3 Ajouter ces bouquets à la composition. Installer la couronne au centre de la table et disposer quelques bougies chauffe-plats au centre.

VÉGÉTAUX

- feuillage de charme ou de charmille
- branches d'arbre-à-perruque
- traîne de vigne vierge ou de lierre
- petites fleurs blanches (freesia, agapanthe ou chèvrefeuille)
- fleurs d'orchidées (*Phalaenopsis*)

FOURNITURES

- fil de fer épais
- fil de fer de fleuriste
- pince coupante
- bougies chauffe-plats
- raphia

Mariage Romantique

Tendre lumière

Bordés de tarlatane, voilés de couleurs tendres et parsemés de fleurs, ces photophores pastel distilleront une douce lumière tout au long du repas.

1 Dans la tarlatane, tracer puis découper un rectangle de 28 x 13 cm. Faire un rentré de 1 cm sur les longueurs afin de créer des rabats et un rentré de 0,5 cm sur les largeurs. Marquer les plis au fer.

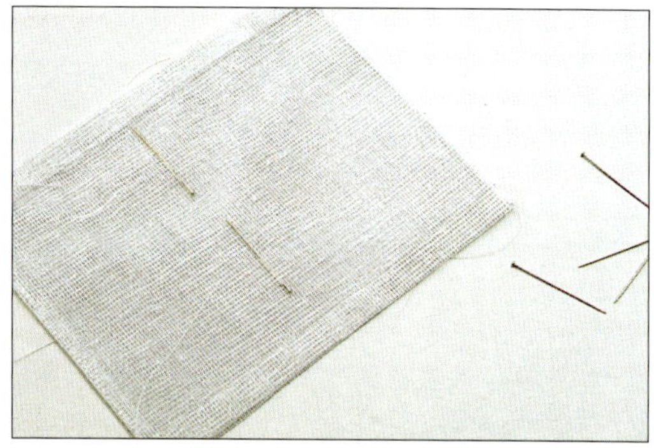

2 Plier le tissu en deux dans le sens de la largeur. Épingler et coudre à 1 mm du bord sur les deux largeurs superposées et sur la pliure. Prendre soin de bien arrêter les coutures.

3 Déplier le tissu pour superposer les deux coutures ainsi réalisées. Épingler et coudre à 1 mm du bord des deux nouvelles pliures. Ces coutures doivent être bien parallèles aux premières. Ouvrir le photophore.

4 Tracer et découper quatre rectangles de papier calque de 10 x 6 cm. Les fixer sur chaque face intérieure du photophore en les glissant dans les rabats de 1 cm. Terminer en collant les fleurs directement sur la tarlatane. Placer une bougie chauffe-plat au centre.

FOURNITURES

- 1 m de tarlatane blanche sur 1,10 m de large
- papier calque épais de différentes couleurs
- petites fleurs en plastique
- colle transparente
- bougies chauffe-plats

La ronde des rubans

VARIANTE
On peut également habiller le cerceau avec du tissu mauve maintenu par une couture.

Rubans au vent et nacelles de coton fleuries, ce cerceau suspendu est un clin d'œil aux mâts de cocagne d'antan !

1 Découper une bouteille à 12,5 cm du fond. Dans le tissu, tracer et découper un cercle de 10,5 cm de diamètre et un rectangle de 26 x 36 cm. Placer le bord du cercle au bord de la longueur du rectangle, à 4 cm de la largeur.

2 Piquer à la machine tout autour du cercle, à 1 cm du bord. Assembler bord à bord les deux largeurs du rectangle et piquer. Cranter tous les bords et repasser à plat la couture de la hauteur.

3 Retourner le tout et plier le tissu vers l'intérieur, à 16 cm du fond du sac. Piquer à 5 cm du bord. Former un revers de 3 cm et le repasser. Y coudre trois boutons équidistants et nouer l'extrémité d'une ficelle de 30 cm autour de chacun d'eux. Découper un cercle de carton de 8,5 cm de diamètre et l'insérer au fond du sac. Réaliser de la même façon cinq autres sacs et y insérer les bouteilles.

4 Peindre le cerceau à l'acrylique et laisser sécher. Couper six rubans de 3 m et faire une marque à 80 cm sur chacun d'eux. Pincer un premier ruban, au niveau de cette marque, autour du cerceau et le coudre solidement. Puis fixer les cinq autres rubans régulièrement autour du cerceau. Relier et agrafer les rubans en haut du pieu.

FOURNITURES

- pieu en bois de 2 à 3 m de hauteur
- 3 couleurs de ruban en satin de 5 cm de large (6 m de chaque)
- 3 couleurs de tissu assorti (40 x 140 cm de chaque)
- 6 bouteilles en plastique
- 21 boutons de couleur de 2 cm de diamètre
- cerceau (de gymnastique)
- ficelle
- peinture acrylique mauve
- ciseaux cranteurs
- compas
- carton rigide de 40 x 20 cm

FOURNITURES

- une pince de bijoutier

Ensemble « gouttes de rosée »

- 80 cm de fil câblé rose
- 2 attaches dormeuses
- 5 perles à écraser dorées
- un fermoir mousqueton
- 4 perles en cristal irisé
- 2 gouttes taillées en cristal irisé
- une goutte en verre
- 120 à 150 perles en cristal taillé (rose, pêche et mauve)

Collier bucolique

- 150 sequins nacrés (papillons, fleurs, pastilles)
- une cuillerée de perles de rocaille transparentes roses
- 2,50 m de fil de Nylon
- un fermoir en Plexiglas
- 2 anneaux argentés
- 2 grelots à écraser argentés

Les bijoux d'une fée

De perles scintillantes ou de fleurs nacrées, ces bijoux dignes d'une fée rehausseront délicatement la grâce d'un visage radieux.

2 Enfiler l'autre moitié des perles et poser une perle à écraser. Installer l'autre partie du fermoir.

Ensemble «gouttes de rosée»

1 Pour le pendentif, couper 10 cm de fil et y enfiler la goutte en verre. Réunir les fils et y enfiler six perles et une perle à écraser (voir page 89). Pour le collier de 40 cm, prévoir environ 50 cm de fil. Poser un fermoir à une extrémité (page 89), enfiler la moitié des perles puis le pendentif.

3 Pour les boucles d'oreilles, enfiler une goutte en cristal au milieu de 10 cm de fil. Réunir les fils, y enfiler deux perles en cristal et une perle à écraser. Installer l'attache dormeuse (voir page 89).

Collier aérien

Couper cinq fils de 50 cm. Sur chacun d'eux, enfiler des sequins et les maintenir espacés de 2 cm avec des nœuds de part et d'autre. Pour ajouter un cœur aux fleurs, enfiler une perle de rocaille et repasser le fil dans la fleur. Nouer ensemble les cinq fils à chaque extrémité. Coller chaque nœud dans un grelot et écraser avec la pince. Accrocher chaque grelot à un anneau et poser le fermoir (voir page 89).

Jupon d'organdi

Tout en soie rose et taffetas fleuri, ce jupon est un rêve de petite fille...

PRÉPARATION

Pour la ceinture, couper une bande de 12 x 140 cm dans chaque tissu. Pour le jupon, ourler une longueur de chaque pièce restante. Superposer les hauteurs du taffetas et coudre en commençant la piqûre à 17 cm du haut du jupon pour laisser une ouverture. Faire la même chose avec l'organdi. Assembler les pièces, envers de l'organdi sur endroit du taffetas.

1 Épingler les tissus et passer un fil de fronce à 1 cm du bord non ourlé en prenant les deux épaisseurs. Tirer le fil pour obtenir le tour de taille voulu et arrêter la couture. Bien répartir les fronces et les maintenir par une nouvelle couture au point arrière.

2 Assembler la ceinture, envers du taffetas contre endroit de l'organdi. Faire un rentré de 1 cm sur les longueurs et plier en deux pour obtenir un biais de 5 cm. Repasser, puis épingler le bord du biais sur le jupon, organdi contre taffetas. Piquer à 1 cm du bord.

CONSEIL
S'il est difficile de se procurer des pétales en tissu, il est possible de les découper sur des fleurs en tissu.

3 Rabattre la ceinture sur le jupon. Épingler et coudre à la main au point d'ourlet. Puis ourler les deux pans de la ceinture en faisant un rentré de 1 cm de chaque côté.

4 Coller des pétales en tissu sur le jupon en organdi. Placer une feuille de papier entre les deux tissus pour éviter de tacher le taffetas.

FOURNITURES

- organdi de soie rose en 1,40 m de large x (hauteur du jupon + 2 cm + 12 cm pour la ceinture)
- taffetas rose (mêmes dimensions que l'organdi)
- fil rose
- colle pour tissu
- pétales roses en tissu

FOURNITURES

- livre d'or de 31 x 22 cm
- 40 cm de popeline rose clair en 140 cm de large
- 40 cm de toile thermocollante rose clair en 140 cm de large
- différents rubans tressés à motifs de fleurs pastel (30 cm)
- différents gros-grains pastel (30 cm)
- ruban de satin rose (30 cm)
- ruban voile irisé vert de 2,5 cm de large (70 cm)
- colle blanche en bâton

Livre d'or

Pour recueillir les témoignages d'affection, ce livre d'or s'habille de douceur. Avec tendresse, les mots reposeront entre la popeline rose et le voile irisé.

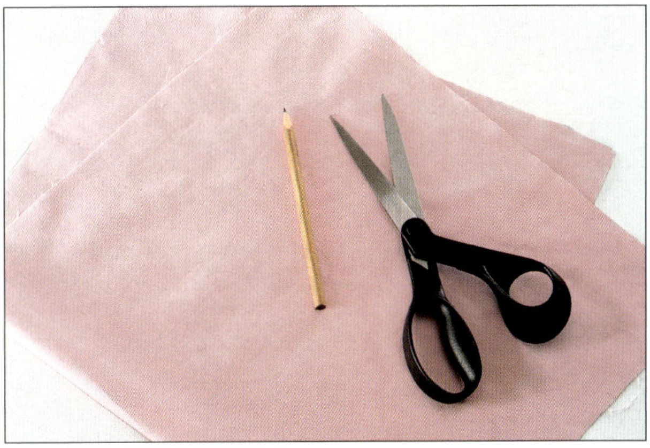

1 Sur l'envers de la popeline, tracer et découper un rectangle de 35 x 60 cm.

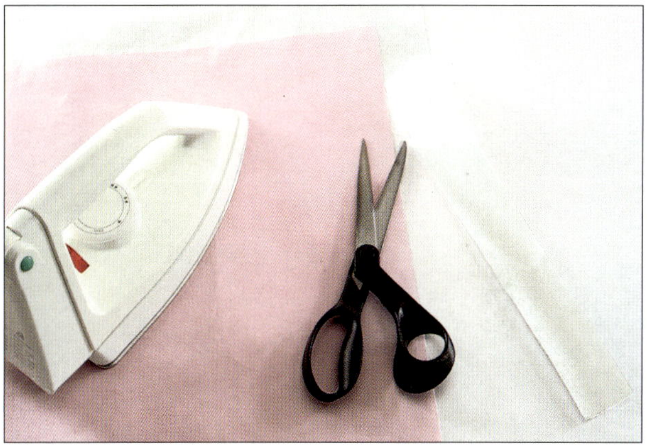

2 Poser l'envers de la popeline sur la face brillante de la toile thermocollante. Fixer au fer pendant 8 secondes, position coton. Recouper la toile aux dimensions du rectangle de popeline.

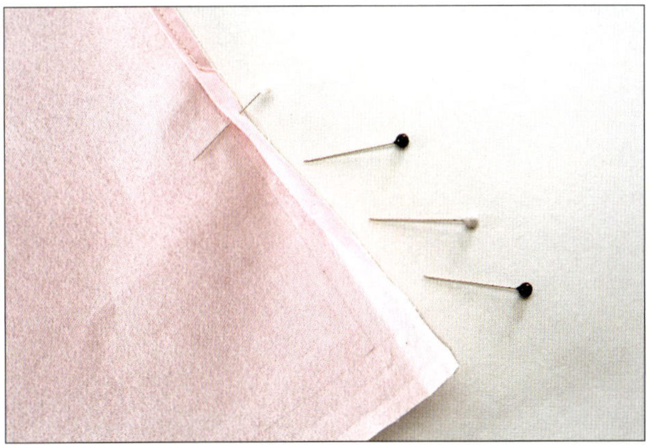

3 Faire un double rentré de 7 mm sur tous les côtés. Épingler et piquer. Sur chaque largeur, réaliser un rabat de 5,5 cm pour pouvoir y glisser la couverture du livre. Marquer le pli au fer et coudre en haut et en bas.

4 Disposer harmonieusement les différents rubans sur la couverture et sur son rabat et les coller. Pour créer un marque-page, coller le ruban voile sur le bord gauche de la couverture. Laisser l'autre moitié du ruban libre et finir par un nœud.

Idées déco en un clin d'œil

Fleurs de serviettes
Réaliser des fleurs en papier calque de couleur et découper une fente au centre. Y glisser du gros-grain et nouer autour d'une serviette.

Pour les patrons des fleurs, voir page 89.

Corbeille
Découper un rectangle de papier calque de couleur de 35 x 29 cm. Tracer un carré de 7 x 7 cm à chaque angle et les découper. Plier les panneaux pour former la corbeille. Avec un cutter, faire une fente à chaque extrémité des panneaux. Réaliser quatre fleurs en papier calque et y découper deux fentes. Glisser un ruban fin dans chaque fleur et les nouer aux coins de la corbeille.

Courrier fleuri

Décorer des cartes et des enveloppes en collant des rubans de gros-grain simple ou à motif de fleurs.
Réaliser des fleurs en voile de coton et les coller sur le rabat d'une enveloppe. Nouer des petits morceaux de gros-grain et les coller sur les fleurs.
Pour jouer sur les transparences, évider une fleur au coin d'une carte en papier calque ou y coller une multitude de fleurs.

Pots à dragées

Peindre des petits pots en terre à la peinture acrylique et les garnir de dragées.
Les entourer d'un large ruban de voile décoré de fleurs peintes que l'on maintiendra à l'aide d'un fin ruban fantaisie.

Le bouquet de la mariée

1 Effeuiller les tiges des végétaux. Grouper les végétaux par variétés. Commencer le bouquet rond (voir page 18) en croisant les tiges et en disposant les fleurs par petits groupes. Réserver les feuillages pour la fin.

2 Continuer le bouquet en veillant à lui conserver une forme bien ronde et régulière. Le nouer à la base et recouper les tiges assez courtes. Couper le quart inférieur de quelques feuilles de laurier afin de leur donner une base plate.

3 Cacher les tiges à l'aide de ces feuilles en les positionnant pointes vers le bas. Les nouer sur les tiges à l'aide de raphia.

VÉGÉTAUX

- 10 roses blanches ou couleur champagne
- 2 bottes de freesias blancs ou roses pâles
- 10 tiges de spirée rose ou blanche
- une botte de pois de senteurs blancs
- une botte de bouvardias
- 2 branches de feuillage de groseillier, de framboisier ou de pittosporum
- feuilles de laurier haie

FOURNITURES

- raphia

Le bouquet des demoiselles

1 Préparer les fleurs et les feuillages. Couper les tiges en biseau, assez courtes, et les effeuiller.

2 Disposer les végétaux à portée de main en les groupant par variétés. Commencer à former le bouquet avec les roses en croisant bien les tiges. Puis continuer le bouquet et finir avec les feuillages.

3 Nouer le bouquet à la base. Couper le quart inférieur de quelques feuilles de laurier afin de leur donner une base plate.

4 Cacher les tiges en les recouvrant avec les feuilles de laurier, pointes vers le bas. Les fixer à l'aide d'un morceau de raphia.

VÉGÉTAUX
- 5 roses couleur champagne
- une botte de freesias blancs
- 6 tiges de spirée blanche
- une branche de groseillier ou de framboisier
- feuilles de laurier haie

FOURNITURES
- raphia

VÉGÉTAUX

- 20 tiges de spirées blanches
- 10 grosses roses blanches
- 2 bottes de freesias blancs
- 2 bottes de boules-de-neige (*Viburnum opulus*)
- 15 roses Pierre de Ronsard
- 2 bottes de viornes (*Viburnum plicatum*)
- Pois de senteurs (2 bottes de blancs et 2 bottes de roses)

FOURNITURES

- un chandelier haut
- 4 blocs de mousse de fleuriste
- ruban adhésif vert de fleuriste
- feuille de plastique

Chandelier fleuri

PRÉPARATION

Faire tremper les blocs de mousse dans de l'eau pendant 5 minutes. En placer deux sur la base du chandelier et deux à l'intersection des branches. Les fixer avec le ruban adhésif vert.

1 Égaliser la longueur des tiges à l'exception des tiges de spirée que l'on gardera plus longues pour donner du mouvement à la composition. Créer un bouquet rond en piquant des fleurs dans la mousse, à la base du chandelier.

2 Piquer ensuite des fleurs dans la mousse en haut du chandelier en créant également une forme ronde.

3 Piquer des longues tiges de spirée dans la mousse en haut du chandelier. Les laisser retomber le long du pied pour créer un effet de cascade.

CONSEIL

Veiller à bien équilibrer les masses sur le chandelier afin que celui-ci ne tombe pas. Placer les bougies.

Mariage Passion

Porcelaine étoilée

Sillage d'étoiles filantes, un ruban rose passion se déroule sur la vaisselle blanche... C'est le moment de faire un vœu !

1 Dégraisser la vaisselle avec de l'alcool à brûler. Pour créer les pochoirs, reporter les patrons des étoiles sur le Rhodoïd et évider soigneusement les motifs au cutter.

2 Placer le pochoir sur le bord de l'assiette et peindre ainsi plusieurs étoiles avec la brosse peu chargée de peinture. Avant de repositionner le pochoir, laisser sécher la peinture afin qu'elle ne bave pas.

3 À l'aide du feutre pour porcelaine, tracer des pointillés entre chaque étoile. Essuyer les éventuelles bavures avec un Coton-Tige. Laisser sécher 24 heures et cuire la vaisselle 30 minutes au four ménager à 150° C.

FOURNITURES

- vaisselle en porcelaine blanche
- peinture rose pour porcelaine 150° C
- feutre rouge pour porcelaine 150° C
- Rhodoïd
- brosse à pochoir
- alcool à brûler
- patrons des étoiles page 90

Bouquets d'invités

Comme des fleurs épanouies, les noms des invités ornent le centre de chaque table.

1 Avec un stylo à bille, reporter le patron du moule sur du Rhodoïd et le découper. Plier et coller les côtés avec du ruban adhésif pour former le cube.

2 Pour fabriquer le plâtre, verser l'eau sur la poudre en se reportant aux indications du fabricant. Mélanger jusqu'à obtenir une consistance crémeuse.

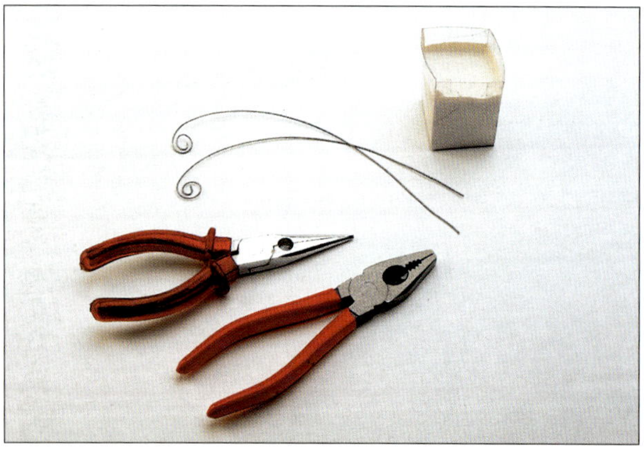

3 Couper autant de tiges de fer de 15 cm qu'il y a d'invités par table. À l'aide de la pince pointue, former une spirale à l'une des extrémités. Puis couler le plâtre dans le moule et attendre qu'il commence à durcir.

4 Enfoncer et maintenir les tiges dans le plâtre pendant que celui-ci finit de prendre. Lorsqu'il est sec, équilibrer la position des tiges et poncer le socle. Puis découper des cartons, y inscrire les noms des invités et les glisser dans les spirales. Ajouter quelques étoiles pour décorer.

FOURNITURES

- plâtre
- Rhodoïd très épais
- ruban adhésif
- fil de fer semi rigide (de 1 à 2 m par objet)
- pince coupante
- pince pointue
- carton de couleur
- patron du moule page 90

FOURNITURES

- tarlatane de couleur
- fil à coudre assorti
- fil de laiton
- sequins « étoiles » en plastique
- pince coupante

Rose bonbon

Sous la tarlatane en camaïeu de roses, voici des souvenirs sucrés qui raviront les gourmands... petits ou grands.

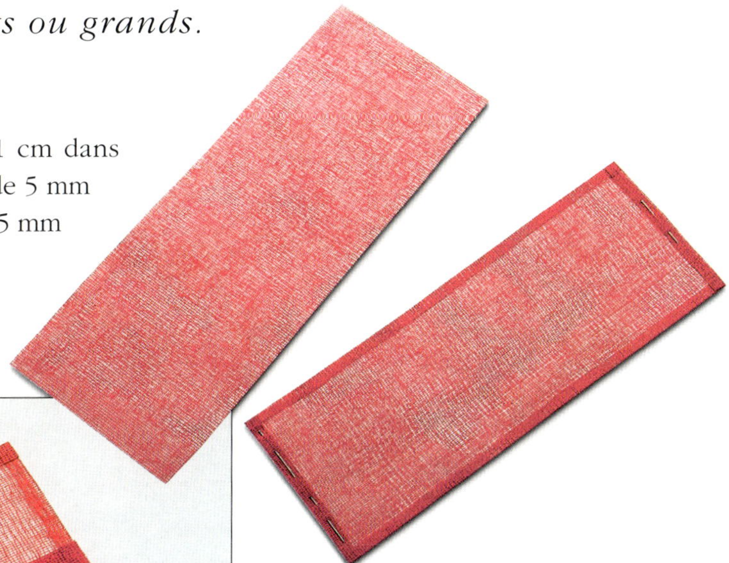

1 Découper un rectangle de 29 x 11 cm dans la tarlatane. Faire un rentré simple de 5 mm sur les longueurs et un double rentré de 5 mm sur les largeurs. Épingler.

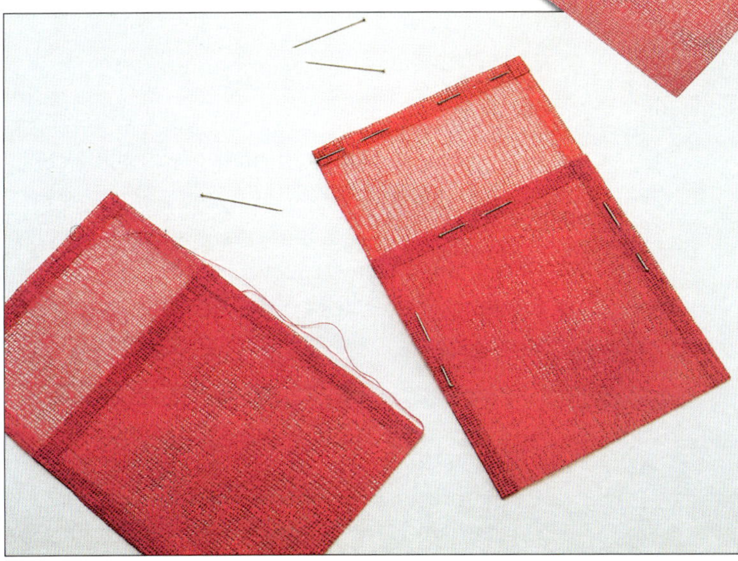

2 Replier la bande au tiers de la longueur. Épingler trois côtés et coudre à la machine, à 1 mm du bord ; le dernier côté servant à l'ouverture du sac.

3 Remplir le sachet de dragées. Pour le fermer, passer un morceau de fil de laiton dans une étoile et le glisser à travers le rabat.

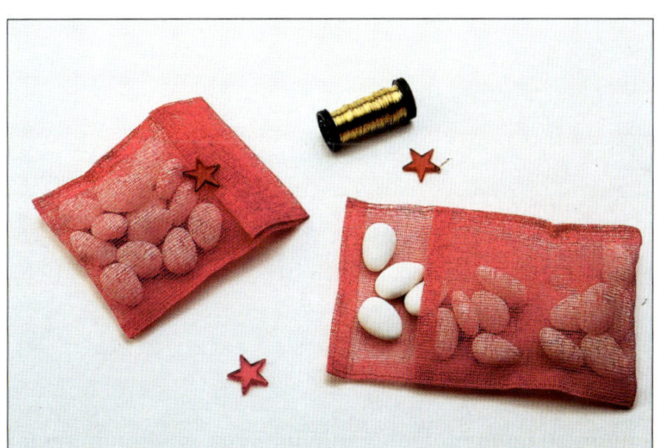

L'album photo

Écrin de souvenirs précieux, les pages de cet album feront rayonner les moments les plus émouvants.

1 Sur la feuille de papier calque épais, tracer une ligne à 4 cm du bord gauche. En les centrant par rapport à cette ligne, tracer un rectangle de 15 x 10 cm et un autre de 14 x 9 cm. Évider le plus petit à l'aide d'un cutter.

2 Avec le coton à broder, coudre le long des lignes en réalisant des points avant. Coudre une paillette à chaque point du rectangle. Puis revenir en arrière pour combler les espaces entre les premiers points.

3 Perforer la couverture et les feuilles intérieures. Réaliser un cahier en alternant une feuille blanche et une feuille de couleur, etc. Poser la couverture au-dessus et assembler le tout avec les vis à relier.

Variante

Reporter le patron de la grande étoile au centre de la couverture et découper. Placer une feuille blanche dessous et y coller un carré de feutrine.

FOURNITURES

- une feuille de papier calque épais orange (200 g)
- 50 feuilles de papier calque orange (100 g)
- 50 feuilles de papier blanc (80 g)
- coton à broder orange
- 8 paillettes « étoiles » trouées
- 2 vis à relier de 2 cm d'épaisseur
- feutrine et colle transparente
- perforatrice et cutter
- patron page 90

Un amour de robe

Ourlée de rose et de perles, cette robe est digne d'une petite fille modèle. Arrondie comme un cerceau, elle est jeu autant que parure.

1 Agrandir et reporter les patrons du dos et du devant sur le papier. Plier le tissu en deux, placer le patron du devant sur la pliure et épingler. Ajouter 1,5 cm pour les côtés, les épaules et le bas de la robe. Tracer les contours à la craie et découper. Procéder de la même façon pour le dos.

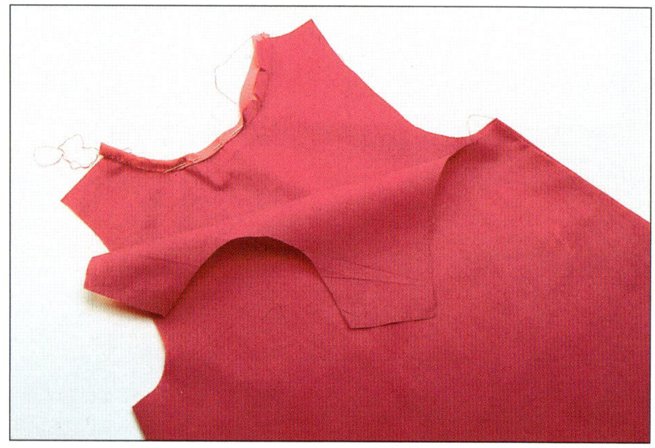

2 Surfiler et assembler le dos et le devant, endroit contre endroit, puis coudre les côtés. Ouvrir et repasser les coutures. Ouvrir le biais au fer à repasser. L'épingler endroit contre endroit et bord à bord sur les emmanchures et autour du col. Piquer, rabattre le biais sur l'envers et coudre à la main.

3 Coudre à la main les ourlets des épaules. Sur chaque épaule, coudre deux boutons-pressions et des perles côté dos.

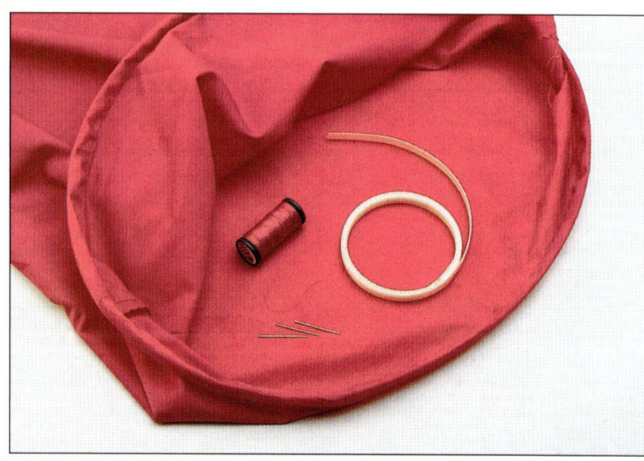

4 Épingler l'ourlet du bas de la robe, y glisser la baleine et la recouper si nécessaire. Coudre à la main au point invisible.

FOURNITURES

- 70 cm de popeline de coton rose fuchsia en 140 cm de large
- 1 m de biais rose clair
- 130 cm de baleine pour corset en rouleau
- fil à coudre (fuchsia, rose clair)
- 4 perles roses
- 4 boutons-pressions
- craie pour tissu
- papier pour patron
- patron page 91 (taille 4 ans)

Idées déco en un clin d'œil

Photophores
Dans du papier calque épais, tracer et découper un rectangle de 25 x 10 cm. Plier tous les 6 cm pour former le photophore : il reste 1 cm pour le rabat. Coller le rabat et ajouter une petite étoile d'une autre couleur pour décorer.

Pour les patrons des étoiles, voir page 90.

Nappe aux étoiles
Reporter les patrons des étoiles sur du feutre, de la feutrine ou du papier calque de différentes couleurs. Découper les motifs et les disposer harmonieusement sur la nappe.

Liens étoilés
Reporter deux fois, à 15 cm de distance, le patron de l'étoile sur de la feutrine. Tracer un lien d'environ 1 cm de largeur entre les deux. Découper en une seule pièce les deux étoiles et le lien. Nouer autour des serviettes. On peut aussi relier deux étoiles en plastique à l'aide d'un ruban noué aux extrémités.

Menus et jolis pots
Écrire le menu sur une feuille de papier calque de couleur. Fixer les bords à l'aide de trois attaches parisiennes. Pour les pots, percer des étoiles en bois (ou en papier mâché) et y enfoncer des tiges en bois. Peindre les étoiles et les pots, remplir de sable et y planter les tiges.

Cartes de remerciements
Sur des cartes et des enveloppes en bristol ou en papier calque, coller des étoiles en papier, en bois, en papier mâché ou bien des paillettes. On peut également attacher des petits éléments avec un fil de coton.

Le Bouquet de la mariée

1 Effeuiller le bas des tiges, puis couper les tiges en biseau. Commencer à former un bouquet rond (voir page 18) en groupant les fleurs par couleurs.

2 Continuer le bouquet en alternant les couleurs et en glissant de temps en temps une feuille rouge.

3 Placer des feuilles rouges tout autour du bouquet et lier l'ensemble avec des brins de raphia.

4 Ajouter d'autres feuilles tête-bêche autour des tiges du bouquet et les lier avec un brin de raphia.

VÉGÉTAUX

- 2 bottes de freesias rose foncé
- 2 bottes de renoncules orange
- une botte de roses rouges
- 2 bottes d'alchémilles
- feuillage rouge

FOURNITURES

- raphia

VÉGÉTAUX

- 3 tronçons de bambou (ajouter aux mesures de l'encadrement de la porte : 40 cm pour le tronçon horizontal et 20 cm pour les autres)
- 3 amarantes crête-de-coq
- 6 feuilles de pothos
- 2 branches de selastrus
- 2 branches d'amarante retombante
- 3 branches d'orchidées rose foncé (*Phalaenopsis*)

FOURNITURES

- raphia
- mousse de fleuriste
- feuille de plastique
- scie
- fil de fer

Porte fleurie

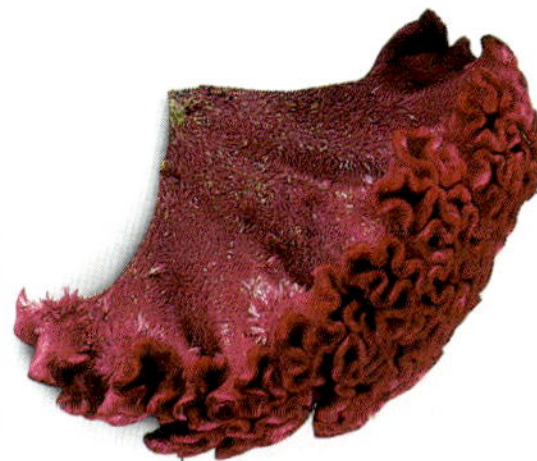

1 À l'aide d'une scie, couper le plus petit tronçon de bambou sur toute sa longueur. Faire tremper les blocs de mousse 5 minutes dans de l'eau. Recouvrir le fond du bambou de plastique et y placer les blocs de mousse. Recouper le plastique qui dépasse.

2 Avec le raphia, attacher solidement les trois tronçons de bambou les uns aux autres. Préparer et couper les végétaux. Avec un cutter, faire un trou dans la mousse pour y insérer délicatement les amarantes crête-de-coq de chaque côté et au centre.

3 Créer un mouvement asymétrique en plaçant les branches d'orchidées au centre et à gauche. À droite, insérer les amarantes retombantes en plantant la tige horizontalement de manière à les orienter vers le bas. Laisser retomber les fleurs. Éclaircir la composition avec des feuilles de pothos vert anis.

4 Placer les branches de selastrus. Équilibrer les masses de fleurs et de feuillages de part et d'autre de la porte.

Fleurs de bambou

PRÉPARATION

À l'aide d'une scie, découper une ouverture de 30 x 8 cm dans le bambou. Faire tremper les blocs de mousse 5 minutes dans de l'eau. Recouvrir le fond du bambou de plastique et y placer les blocs de mousse. Recouper le plastique qui dépasse.

1 Effeuiller le bas des tiges, et couper les tiges en biseau à la taille requise. Couper la tige des amarantes crête-de-coq.

2 Piquer les fleurs une à une dans la mousse en commençant par l'un des côtés du bambou. Continuer en regroupant les fleurs de même variété.

3 Pour piquer les amarantes crête-de-coq, faire une fente dans la mousse à l'aide d'un couteau. Y enfoncer délicatement l'amarante car la fleur est fragile.

4 Laisser dépasser le selastrus pour donner plus de dynamisme à la composition. S'assurer que le bambou est bien stable sinon, le caler à l'aide de petits cailloux.

VÉGÉTAUX

- 2 bottes de roses rouges
- 3 bottes d'alchémilles
- 3 bottes de renoncules orange
- 3 bottes de freesias rose foncé
- 2 bottes de feuillage rouge
- 2 amarantes crête-de-coq rouges
- une branche de selastrus
- 1 tronçon de bambou de 40 cm de long et de 10 cm de diamètre

FOURNITURES

- 2 blocs de mousse de fleuriste
- feuille de plastique transparent
- couteau
- scie

Champag

Mariage Champêtre

Lustre de verdure

CONSEIL
Ne jamais laisser des bougies allumées sans surveillance !

Suspendue dans le jardin, cette couronne de feuilles éclairera le dîner champêtre. Tresses végétales et photophores couleur printemps embelliront la fête !

1 Passer une couche de peinture verte sur les pots en verre. Laisser sécher 24 heures et faire cuire les pots au four ménager à 150° C pendant 35 minutes.

2 Couper 2 m de sergé et fixer une extrémité au cercle en métal avec du ruban adhésif. Enrouler le sergé autour du cercle pour le recouvrir entièrement. Fixer l'autre extrémité du sergé avec un point de colle.

3 Couper 8 fils de fer de 30 cm et en nouer un autour de chaque pot. Répartir les 8 pots autour du cercle et les attacher avec le fil de fer. Couper le reste du sergé en huit longueurs de 1 m et les attacher au cercle de la même façon.

4 Entortiller le lierre autour du cercle. S'aider des branches pour maintenir les pots verticalement. Ajouter du feuillage en évitant d'en placer au-dessus des pots et installer les bougies. Réunir et nouer les huit rubans ensemble pour suspendre le cercle.

FOURNITURES

- 8 pots en verre
- 8 bougies chauffe-plats
- peinture verte pour porcelaine 150° C
- brosse plate souple
- 10 m de sergé écru de 1 cm de large
- cercle en métal de 35 cm de diamètre
- colle pour tissu
- ruban adhésif
- fil de fer fin
- pince coupante
- branches de lierre et feuillage

FOURNITURES

- 50 cm de 3 différents cotons blancs en 140 cm de large
- 1 m de lin en 1,40 m de large
- fils assortis aux tissus
- panier ou cagette en bois
- feuilles de papier épais
- rubans de coton (écru, beige, blanc)
- perforatrice
- coton à rayures
- croquis page 92

Dragées habillées

Enveloppées dans leurs sachets de coton et de lin frais, les dragées sont de la fête !
Un joli panier, des rubans noués... vive la simplicité !

Petits sachets

1 Couper des rectangles de 30 x 8,5 cm dans les cotons blancs et dans le lin.
Ourler les largeurs et coudre.
Plier les rectangles en deux, endroit contre endroit, et piquer les hauteurs.
Retourner les sachets et les repasser.

2 Tracer et découper des feuilles dans le papier épais. Les perforer et y enfiler un morceau de ruban. Remplir les sachets de dragées et les fermer à l'aide des rubans.

Panier

1 Mesurer la hauteur, la largeur et la longueur du panier. Couper une pièce pour le fond et deux pièces pour les grands côtés en suivant les indications du croquis.
Monter les côtés sur le fond et coudre à 1,5 cm du bord.
Ourler ensuite tout autour de l'assemblage et coudre des rubans de 10 cm aux extrémités de chaque panneau.

2 Placer le tissu dans le panier. Nouer les rubans et disposer les sacs de dragées.

Jeté de table printanier

Sur une nappe en lin, les feuilles au pochoir formeront une ronde verdoyante. Si la nature s'en mêle, fraîcheur et harmonie seront au rendez-vous.

1 En s'aidant du fer à repasser, réaliser un double rentré de 1,5 cm tout autour de la pièce de tissu. Épingler les angles et piquer au point droit à 1 cm du bord.

2 Décalquer le patron du feuillage et le reporter au dos du papier adhésif. Couper soigneusement le motif au cutter pour obtenir un pochoir, puis ôter la feuille de protection.

3 Préparer la peinture en mélangeant les trois couleurs à doses égales et poser le tissu sur un plastique. Placer le pochoir dans un angle et peindre en tamponnant avec une brosse peu chargée de peinture. Laisser sécher avant de retirer le pochoir. Réaliser un motif dans chaque angle.

4 Pour le motif central, agrandir le patron à la taille voulue et réaliser un pochoir comme ci-dessus. Peindre la couronne. Pour fixer la peinture une fois sèche, repasser pendant 5 minutes au fer chaud (position coton) des deux côtés.

FOURNITURES

- 1 m de lin écru en 1,40
- fil écru
- peinture pour tissu : blanc, vert, jaune
- brosse à pochoir
- papier adhésif
- papier calque
- plastique de protection
- patrons pages 94-95

Petits sacs brodés

Tout en voile, ces sacs vaporeux accompagneront gracieusement les toilettes des petites filles.

PRÉPARATION

Reporter le demi-patron de la base sur le papier. Le placer sur l'envers du tissu plié en deux. Tracer les contours et découper. Puis reporter deux fois celui du petit côté sur l'envers du tissu et découper.

1 Placer les petits côtés sur le fond du sac, comme indiqué sur le croquis. Épingler et piquer au point droit à 5 mm du bord en laissant 5 mm en haut et en bas.

2 Épingler les côtés à la base et les coudre. Couper deux bandes de 20 x 4 cm pour les anses. Faire un double rentré sur la longueur de chaque bande pour obtenir un biais de 1 cm de large. Bien repasser, puis piquer à 5 mm du bord.

3 Faire un double rentré sur les bords supérieurs du sac et placer les anses à 4 ou 5 cm des côtés. Épingler et piquer à la machine à 3 mm du bord du sac. Retourner le sac sur l'endroit et le repasser.

4 À l'aide d'un crayon à papier, reporter plusieurs fois le patron de la feuille sur le sac. Broder chaque motif au point de tige en utilisant deux fils de mouliné.

FOURNITURES

- voile de coton blanc
- une échevette de coton mouliné blanc
- aiguille à broder
- papier pour patron
- patrons et croquis page 93

Gloriette

Ce parasol vêtu de blanc préservera élégamment champagne et petits fours des rayons du soleil.

PRÉPARATION

Glisser le parasol dans son pied et l'ouvrir. Mesurer la hauteur séparant le sol et l'extrémité inférieure du rabat, puis mesurer la distance entre deux baleines (voir croquis). Ajouter 4 cm à la largeur et à la hauteur. Vérifier le métrage de toile et y tracer le nombre de rectangles nécessaires. Découper.

1 Décalquer le patron de la feuille. Le reporter sur l'envers de l'entoilage. Réaliser suffisamment de feuilles pour le décor et les découper.

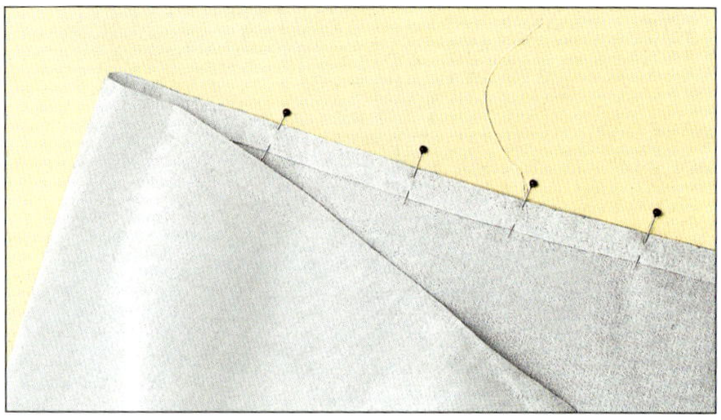

2 Pour chaque panneau de toile, coudre un ourlet de 2 cm sur les deux hauteurs et sur une largeur du rectangle.

3 Positionner les feuilles, face brillante de l'entoilage sur les panneaux de toile à beurre et les fixer au fer chaud (position coton). Pour lester le tissu, coudre un poids à chaque extrémité de la largeur ourlée.

4 Coller un panneau sur chacun des rabats du parasol. Replier un panneau pour faire une ouverture et le maintenir à l'aide des pinces.

FOURNITURES

- 12 à 15 m de toile à beurre en 1,40 m de large
- 1 m d'entoilage blanc en 1,40 m de large
- fil écru
- parasol écru
- colle pour tissu
- 12 poids en métal
- pinces à linge en bois
- patron et croquis page 92

Idées déco en un clin d'œil

Menu champêtre
Dans du papier vert, tracer et découper des feuilles d'arbre. Imprimer ou écrire le menu.

Liste d'invités
Écrire les noms des invités de chaque table sur de jolis cartons et les accrocher à une cage à l'aide de rivets et de fil de fer.

Tampons déco
Fabriquer des tampons en collant de la corde sur du carton. Créer ainsi plusieurs motifs de feuille. Y appliquer de la peinture et décorer les menus ou les faire-part.

Porte-noms
À l'aide d'un feutre blanc opaque, écrire le prénom de chaque invité sur des feuilles de lierre.

Bocaux décorés
Peindre l'extérieur des bocaux avec de la peinture pour verre. Décorer de feuilles fixées avec de l'adhésif double-face. On peut ajouter une bougie chauffe-plat pour réaliser un photophore.

Le bouquet de la mariée

PRÉPARATION

Former un fagot de vétiver et l'entourer de ficelle. Pour maintenir le vétiver dans le bouquet, réaliser une tige en fil de fer et la fixer au lien du fagot. Commencer à réaliser un bouquet rond (voir page 18), en intégrant le fagot à mi-chemin. Terminer le bouquet et recouper le fil de fer du fagot si nécessaire.

1 Enrouler une traîne de lierre à la base du bouquet.

2 Cacher les tiges des fleurs avec les feuilles de salal orientées vers le bas.

3 Nouer l'ensemble avec un large ruban de satin écru.

VÉGÉTAUX

- 2 bottes de lisianthus blanc
- vétiver
- une botte de pied-de-kangourou jaune *(Onigozentus)*
- 5 traînes de lierre ou vigne vierge
- une botte de menthe fraîche
- 5 branches de feuilles de salal

FOURNITURES

- raphia
- ficelle
- fil de fer
- élastique

Composition flamboyante

1 Faire tremper les blocs de mousse 5 minutes dans de l'eau. Effeuiller les tiges et les couper en biseau. Protéger le fond du vase avec du plastique et y placer les blocs de mousse.

2 Commencer à garnir le vase en regroupant les végétaux de même variété. Recouper les tiges si nécessaire. Alterner les couleurs, les fleurs et les feuillages.

3 À l'arrière de la composition, piquer une grosse masse de traînes de lierre. Enrouler les branches autour du bouquet pour cacher les tiges.

4 Attacher l'extrémité du lierre au pied du vase afin que les feuillages l'habillent bien et donnent une impression de mouvement.

VÉGÉTAUX

- 2 bottes de roses blanches en branches
- 6 tournesols
- une botte de gigolos ou d'ombellifères jaunes
- 2 bottes de millepertuis (*Hypericum*) ou de baies de viornes (*Viburnum*)
- traînes de lierre

FOURNITURES

- 2 blocs de mousse synthétique
- un vase de jardin ou une coupe
- plastique transparent

De fleurs et de fruits

CONSEIL
Pour donner plus de dynamisme à l'ensemble, laisser dépasser certaines fleurs – les astilbes, par exemple – de la composition.

1 Faire tremper les 2 blocs de mousse dans de l'eau pendant 5 minutes. Les recouper pour former un carré d'environ 25 x 25 cm. Recouvrir ce carré de grillage et y glisser une attache pour pouvoir suspendre la boule.

2 Piquer les pommes avec les tiges en bois et les planter dans la mousse synthétique.

3 Pour fixer la mousse des bois, y introduire des cavaliers et les planter dans la mousse synthétique.

4 Créer des masses de végétaux de même famille en regroupant les plantes par trois ou par cinq selon la grosseur des fleurs. Répartir harmonieusement les fruits et les fleurs.

FINITIONS
Suspendre la boule sous un arbre ou à un plafonnier, et recouvrir l'attache de lierre.

VÉGÉTAUX

- 6 pommes vertes
- 2 bottes de roses en branches
- 2 bottes de dill ou ammi
- 2 bottes de nigelles blanches
- une botte de solidago jaune
- 2 bottes d'astilbes blanches
- traînes de lierre
- boule de mousse des bois

FOURNITURES

- 2 blocs de mousse synthétique
- grillage
- solides tiges en bois
- fil de fer
- pince coupante
- longs cavaliers ou U en fil de fer (15 cm)

Et pour ne rien oublier...

L'orchestration d'un mariage requiert du temps et de la méthode. En commençant à vous organiser un an à l'avance, vous serez assurés du bon déroulement de la cérémonie. Consultez les journaux spécialisés, visitez les différents salons du mariage, demandez conseil à de jeunes mariés, et sachez que, pour profiter pleinement de cette journée unique, le soin apporté à chaque détail est un gage de réussite.

Le pense-bête

Pour ne rien oublier, achetez un cahier. Il vous servira de calendrier et de pense-bête. Notez-y tout : les dates importantes, les informations diverses, les noms et adresses des professionnels que vous aurez pu glaner çà et là, les devis comparatifs, les noms des invités et leurs réponses, etc. Ce véritable journal de bord constituera par la suite un précieux recueil de souvenirs.

Les formalités

Consultez vos familles respectives pour fixer la date et l'heure du mariage. Choisissez de préférence un week-end ou une veille de vacances pour ceux dont le voyage sera long. Prenez ensuite contact avec la mairie et éventuellement le lieu du culte afin de vérifier si cette date leur convient. Retirez alors votre dossier de mariage à la mairie et vérifiez les délais de publication des bans. Si vous choisissez une cérémonie religieuse, le représentant de votre communauté vous fournira divers documents et vous proposera une préparation au mariage. Si vous envisagez d'établir un contrat de mariage, prenez rendez-vous avec votre notaire.

Les témoins et les enfants d'honneur

N'attendez pas la dernière minute pour choisir vos témoins. Si le choix est difficile et si vous voulez faire plaisir à plusieurs personnes, sachez que les témoins du mariage religieux peuvent être différents de ceux du mariage civil. À un mois de la cérémonie, vérifiez qu'ils sont toujours disponibles. Pensez également aux demoiselles et aux garçons d'honneur si vous souhaitez constituer un cortège. Dans la mesure du possible, choisissez des enfants plutôt sages... et ne les forcez pas s'ils refusent : mieux vaut un mariage sans cortège que des pleurs et des cavalcades incontrôlées !

Les faire-part et les invitations

Les faire-part doivent être envoyés deux à trois mois avant la date du mariage. Ils mentionneront les noms des parents, ceux des futurs époux, la date, l'heure et le lieu de la cérémonie. Faites imprimer à part des cartons d'invitation indiquant le lieu et l'heure de la réception. Prévoyez d'y joindre un plan détaillé si l'endroit est isolé ou difficile d'accès : vous éviterez ainsi les retards. Enfin, adressez à vos invités une liste d'hôtels et de chambres d'hôtes, adaptée à toutes les bourses et comportant les coordonnées et les tarifs.

La liste de mariage

Préparez-la ensemble. Vous pouvez choisir différentes boutiques mais il est de plus en plus fréquent de déposer la liste dans un grand magasin. Si vous optez pour cette dernière solution, la diversité des cadeaux regroupés en un seul lieu offrira à vos invités une plus grande liberté de choix. Vous pouvez également la déposer dans une agence de voyage, laissant chacun libre de donner la somme souhaitée.

La décoration florale

Il n'est jamais trop tôt pour réfléchir à la décoration florale. Choisissez des fleurs à votre image, vous embellirez ainsi la mairie, le lieu de culte, la voiture des mariés, la salle de réception et les tables. À la sortie du lieu de culte, les pétales de roses remplaceront joliment les confettis et les grains de riz.

La voiture des mariés

Une limousine ou une calèche ? Certaines agences sont spécialisées dans la location de voitures de collection, il suffit de s'y prendre à temps !

Et pour ne rien oublier...

Consultez les magazines de mariage. Prévoyez aussi deux voitures supplémentaires pour la famille : vous éviterez ainsi quelques instants de panique au moment du départ pour la cérémonie. Enfin, pour éviter tout contretemps, renseignez-vous sur les possibilités de stationnement autour de la mairie ou du lieu de culte...

La robe et le costume

La robe de mariée est un rêve de petite fille qui mérite que l'on accorde le temps nécessaire à sa concrétisation. Si, pour la cérémonie, vous avez opté pour une couleur thématique, tenez-en compte dans vos choix vestimentaires. Vous pouvez aussi partir de la robe pour déterminer la tonalité générale de la soirée. Trois mois seront ensuite nécessaires aux essayages successifs, aux retouches ultimes et à l'achat des divers accessoires : voile, chaussures, gants, etc. La tenue du marié se doit d'être assortie à celle de la mariée sans toutefois rompre avec son style.

Les alliances

L'échange des alliances est le moment le plus symbolique après celui du consentement mutuel... C'est pourquoi, en cas d'oubli, certaines mairies en gardent une paire en réserve. Faites votre choix suffisamment à l'avance pour pouvoir y faire graver vos prénoms et la date du mariage.

La réception

Le lieu de réception se réserve longtemps à l'avance. Vous pouvez organiser la soirée chez les parents de l'un ou de l'autre mais, au-delà d'un certain nombre d'invités, il est préférable de s'adresser à des professionnels. Tout dépend bien-sûr de la formule adoptée : cocktail, buffet, dîner assis ou même déjeuner supplémentaire le lendemain. Si vous faites appel à un traiteur, assurez-vous que l'indispensable figure bien au menu : boissons variées, pièce montée et aussi dragées. Vous pourrez réaliser vous-même les menus ou les faire imprimer. Vérifiez que le personnel est suffisant pour assurer l'intégralité du service ; vous aurez ainsi tout le loisir de vous consacrer à vos invités.

Le charme des réceptions en extérieur est indéniable, mais il faut toutefois prévoir des tentes en cas d'averses intempestives. Si vous avez pris un traiteur, il vous fournira ces tentes, sinon, louez-les au plus vite : il faut parfois s'y prendre un an à l'avance. Prévoyez également tables, chaises, éclairage et chauffage. Enfin, si vous le pouvez, engagez deux personnes pour tenir le vestiaire et une ou deux gardes d'enfants pour prendre en charge les plus petits.

Une atmosphère réussie

Pour un dîner assis, les plans de table sont indispensables. Affichez-les dans un endroit accessible, à l'entrée de la salle par exemple.

Vous pouvez décliner noms de table et cartons d'invitation sur le thème de votre choix. La table d'honneur réunit les mariés, leurs témoins et les proches. Regroupez les personnes qui se connaissent déjà et évitez de placer à la même table celles qui ne s'entendent pas bien.

La musique est la clef d'une atmosphère réussie. Engagez des musiciens ou un disc-jockey et veillez à la variété du répertoire, afin de contenter chacun. Portez tout particulièrement attention à la qualité de la sonorisation dont dépend l'efficacité de la musique. Enfin, n'oubliez pas de réserver un espace pour les invités qui ne souhaitent pas danser.

Les souvenirs

Contactez différents photographes et sociétés vidéo. Mettez-les en concurrence et prenez le temps de regarder leur travail : vous devez vous sentir en confiance et aimer ce qu'ils font. Demandez plusieurs tirages ou copies afin d'en faire bénéficier parents et amis. Certains photographes peuvent tirer les photographies couleur après la cérémonie pour permettre aux invités de passer leur commande le soir même.

La lune de miel

Si vous souhaitez éviter les destinations classiques, certaines agences de voyage proposent des formules « voyages de noces ». Selon le choix de votre destination, pensez à l'avance aux passeports, visas, assurances, vaccins et autres formalités indispensables.

MARIAGE FÉERIQUE : PATRONS À TAILLE RÉELLE

Les demoiselles
à l'honneur

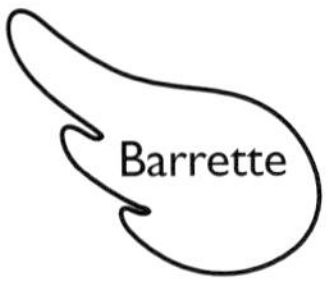

Féerie du verre
Nappe diaphane
Idées déco

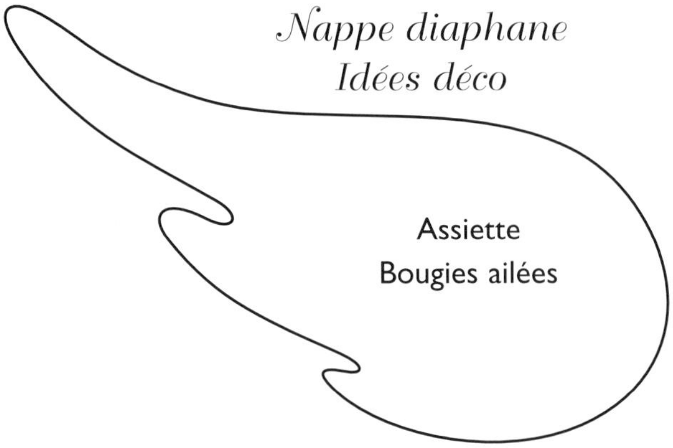

Féerie du verre

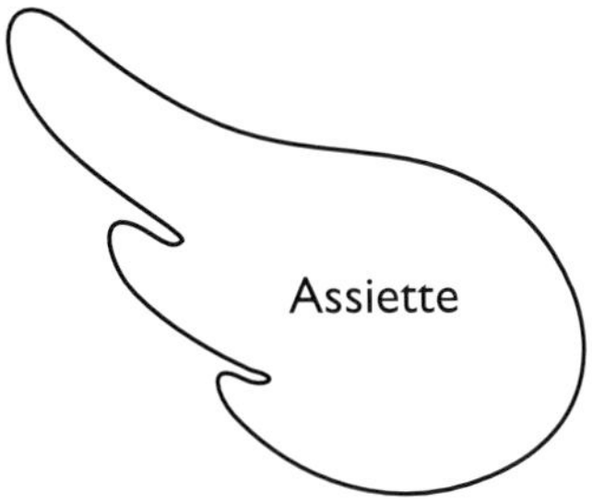

Nappe diaphane
La couronne des mariés

Féerie du verre
Idées déco

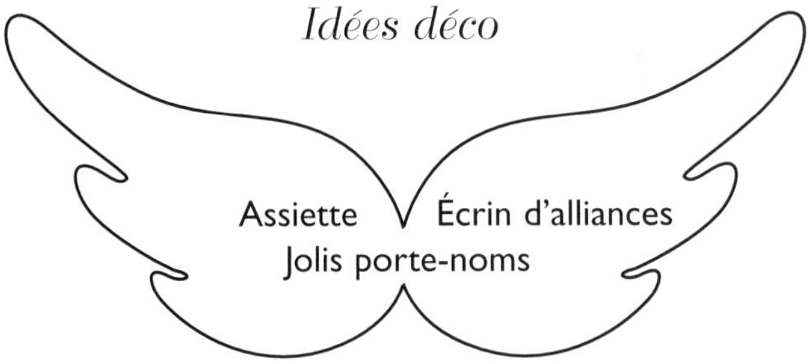

Féerie du verre
Nappe diaphane

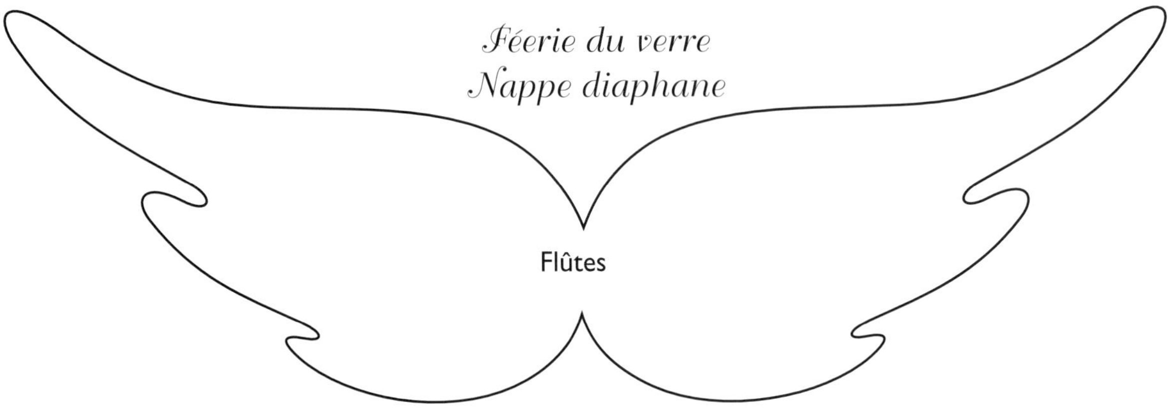

MARIAGE ROMANTIQUE : CROQUIS ET PATRONS À TAILLE RÉELLE

Les bijoux d'une fée

POSE D'UNE PERLE À ÉCRASER

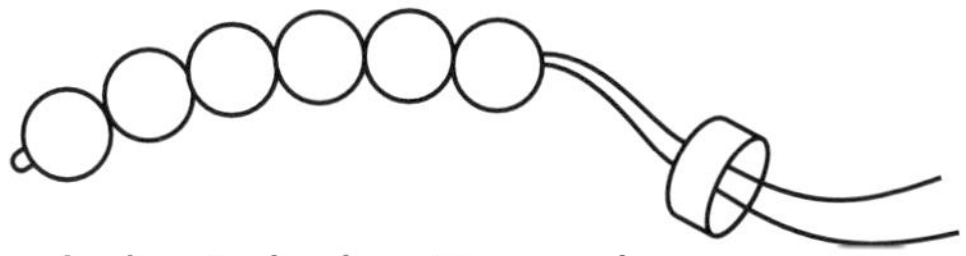

1- Après la dernière perle,
enfiler une perle à écraser.

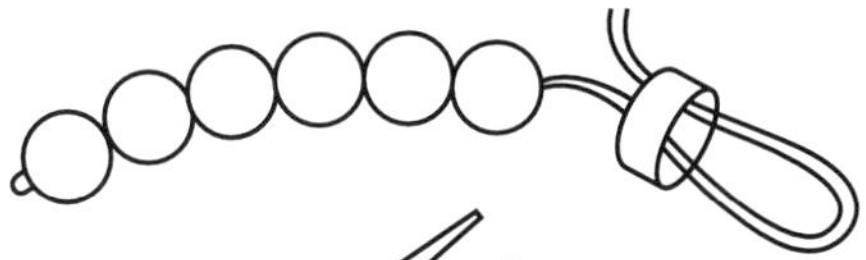

2- Former une boucle
et repasser les fils dans
la perle à écraser.
Écraser la perle.

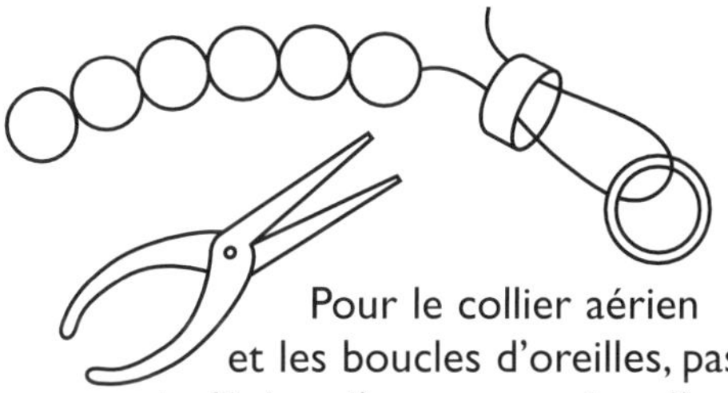

Pour le collier aérien
et les boucles d'oreilles, passer
le fil dans l'anneau ou dans l'attache
dormeuse avant de le repasser dans
la perle à écraser.

POSE D'UN GRELOT ET D'UN FERMOIR

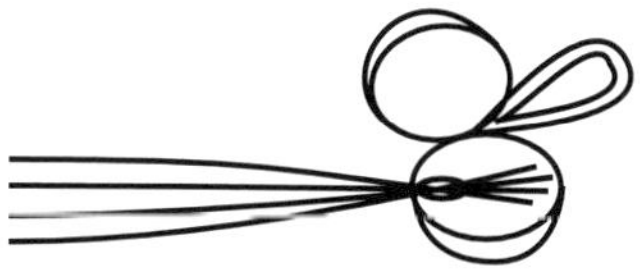

1-Nouer les fils à chaque extrémité.
Coller le nœud dans le grelot,

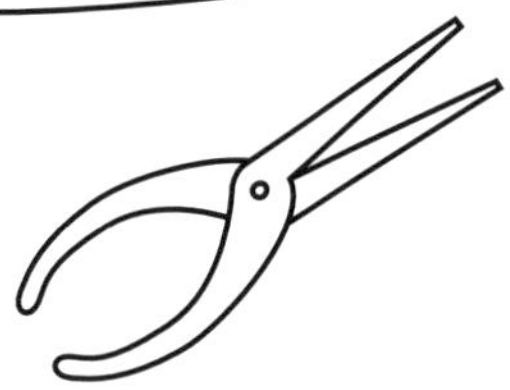

2- Écraser le grelot avec la pince.

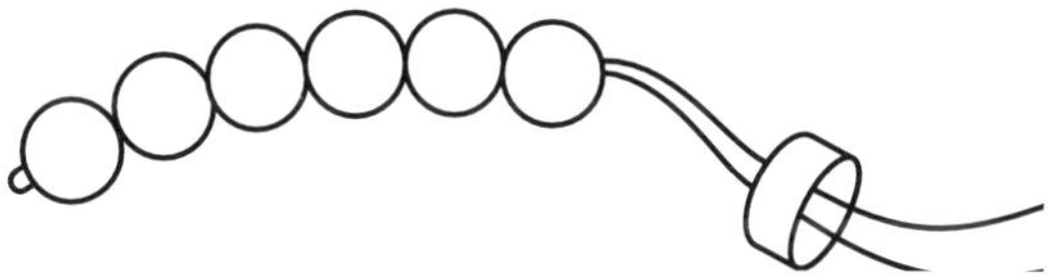

3- Accrocher un anneau en métal et fixer
le fermoir.

Idées déco

Courrier fleuri

Courrier fleuri
Fleurs de serviettes
Corbeille

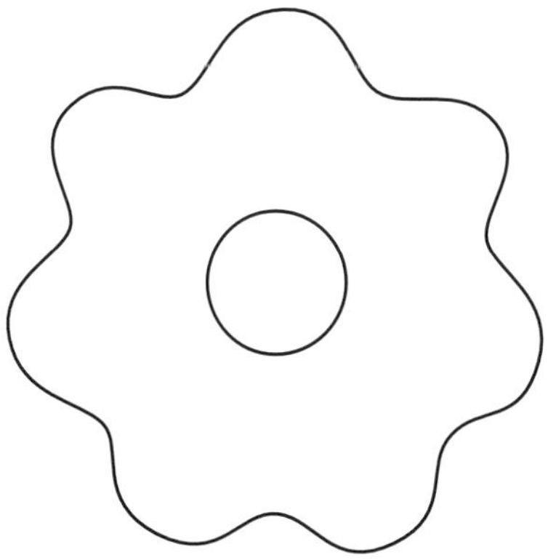

MARIAGE PASSION : PATRONS À TAILLE RÉELLE

Album photo
Idées déco

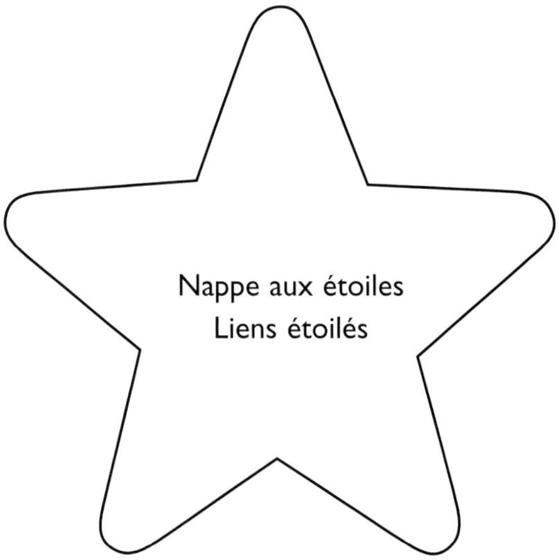

Porcelaine étoilée
Idées déco

Nappe aux étoiles
Photophores

Bouquets d'invités

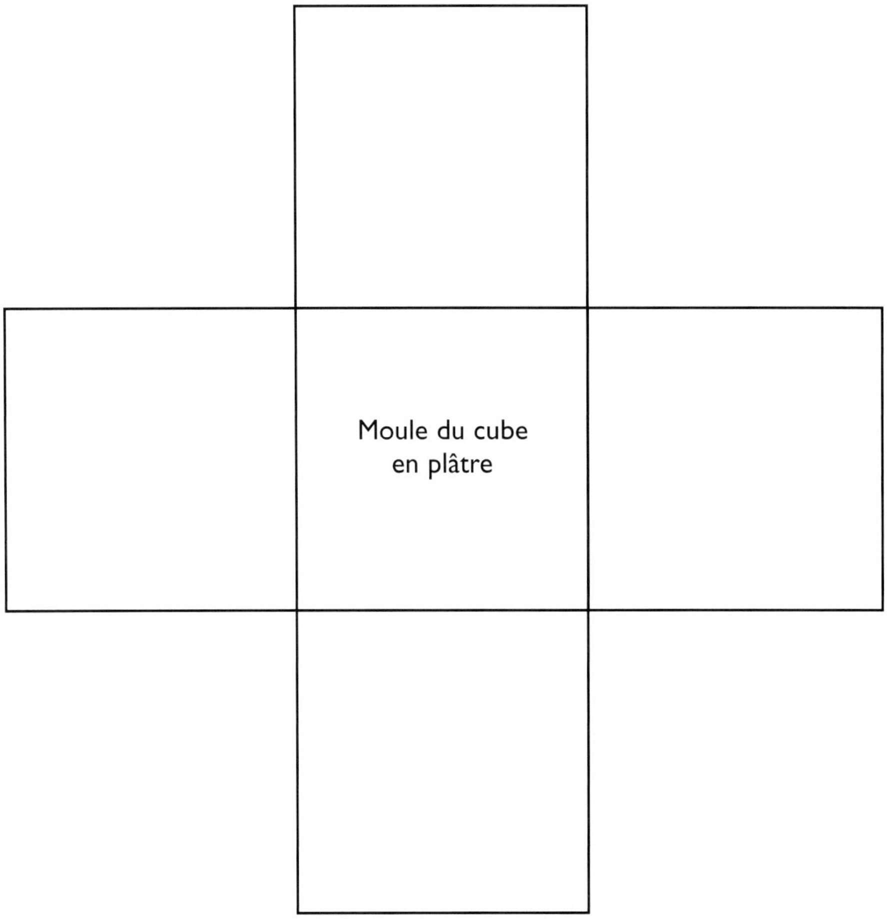

MARIAGE PASSION : PATRONS À AGRANDIR À 300%

Un amour de robe (taille 4 ans)

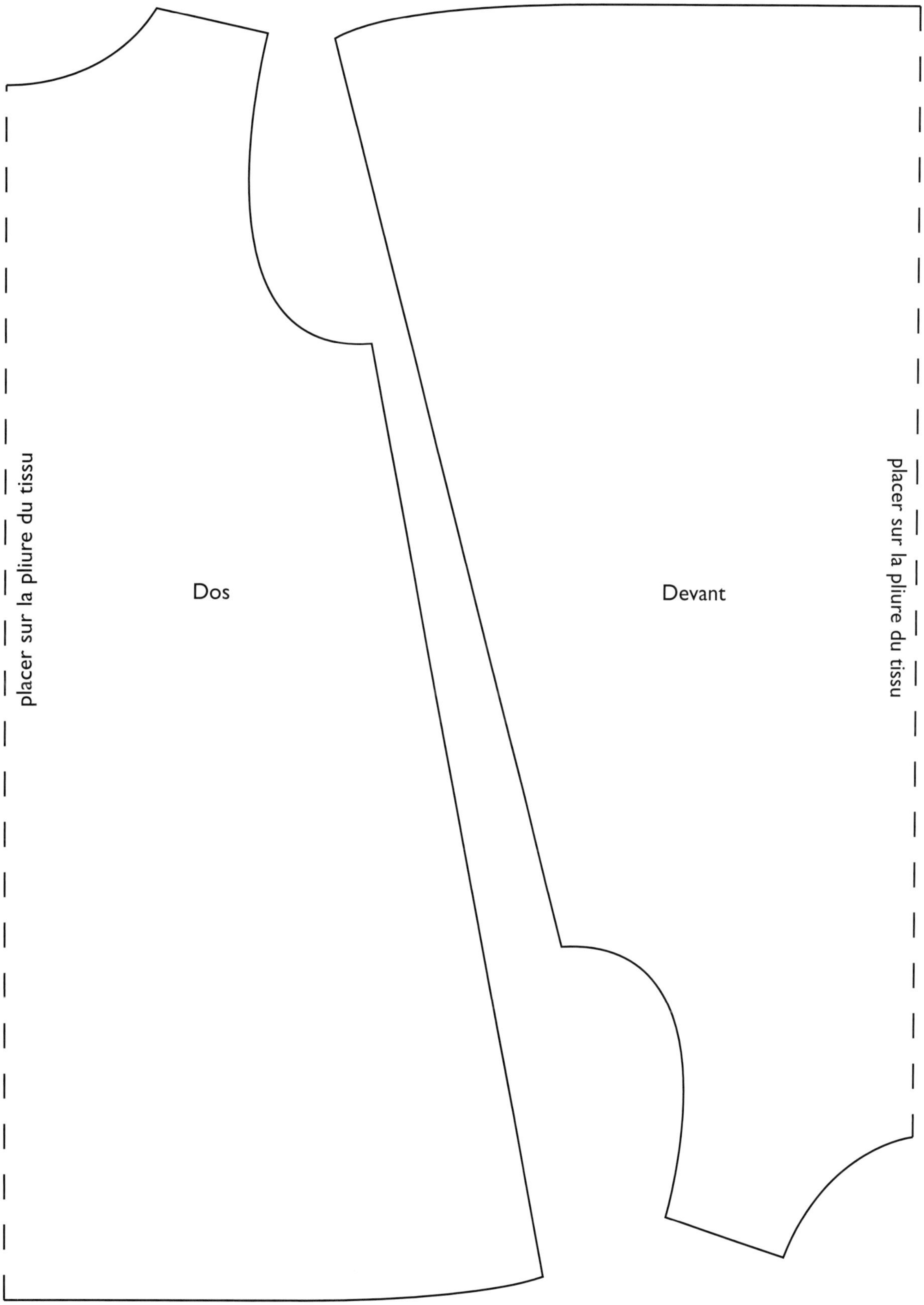

MARIAGE CHAMPÊTRE : CROQUIS ET PATRON À TAILLE RÉELLE

Gloriette

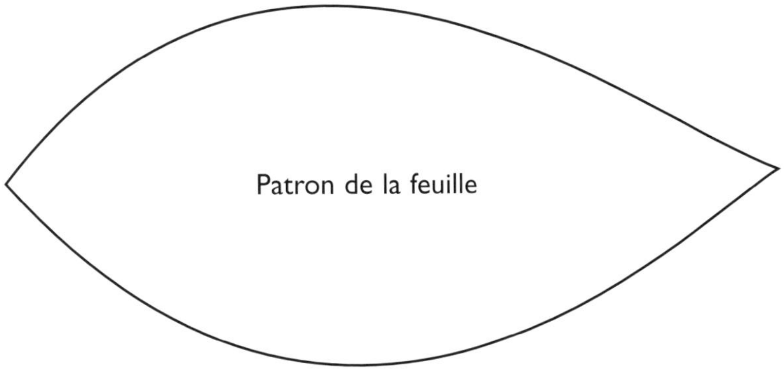

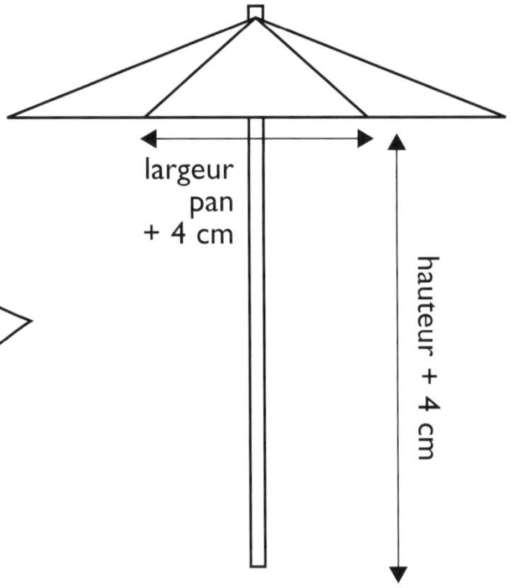

Dragées habillées

Pièce rectangulaire pour le fond
et les petits côtés (A)
et pièces des grands côtés (B) et (C)

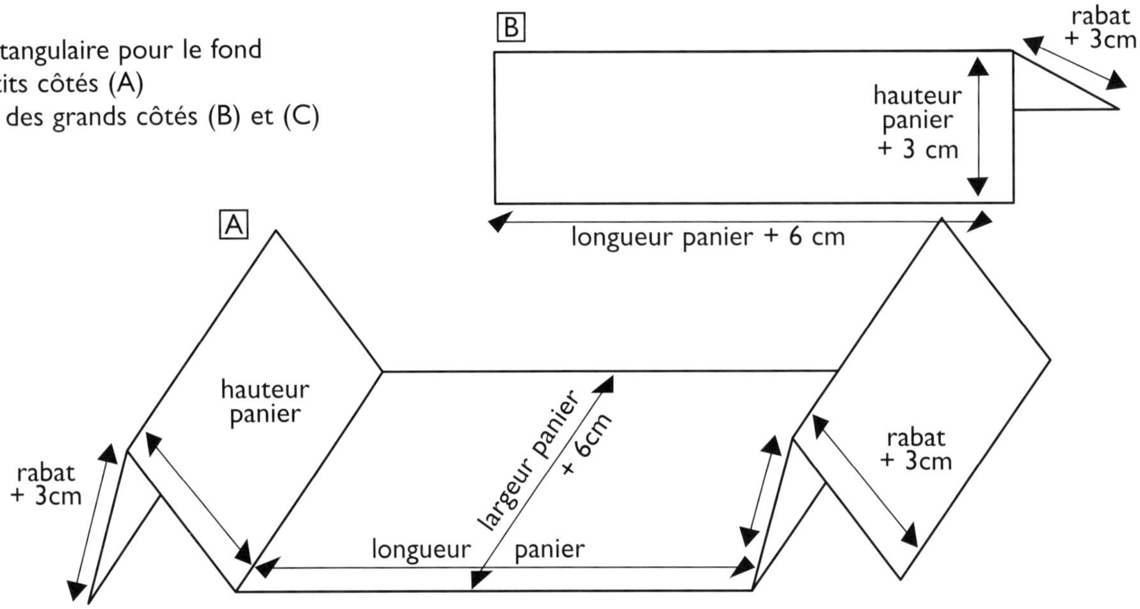

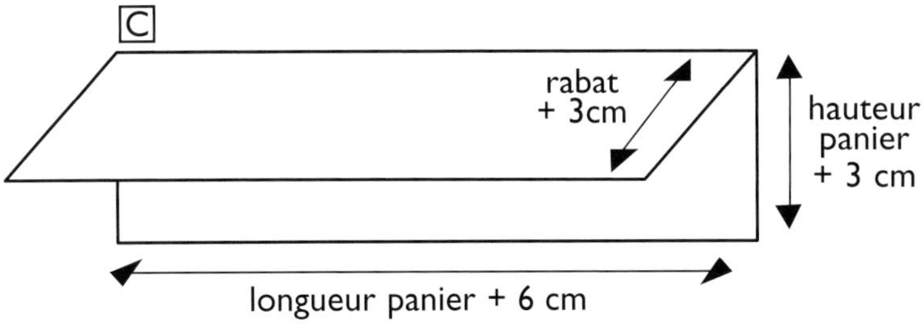

MARIAGE CHAMPÊTRE : PATRONS ET CROQUIS

Petit sacs brodés

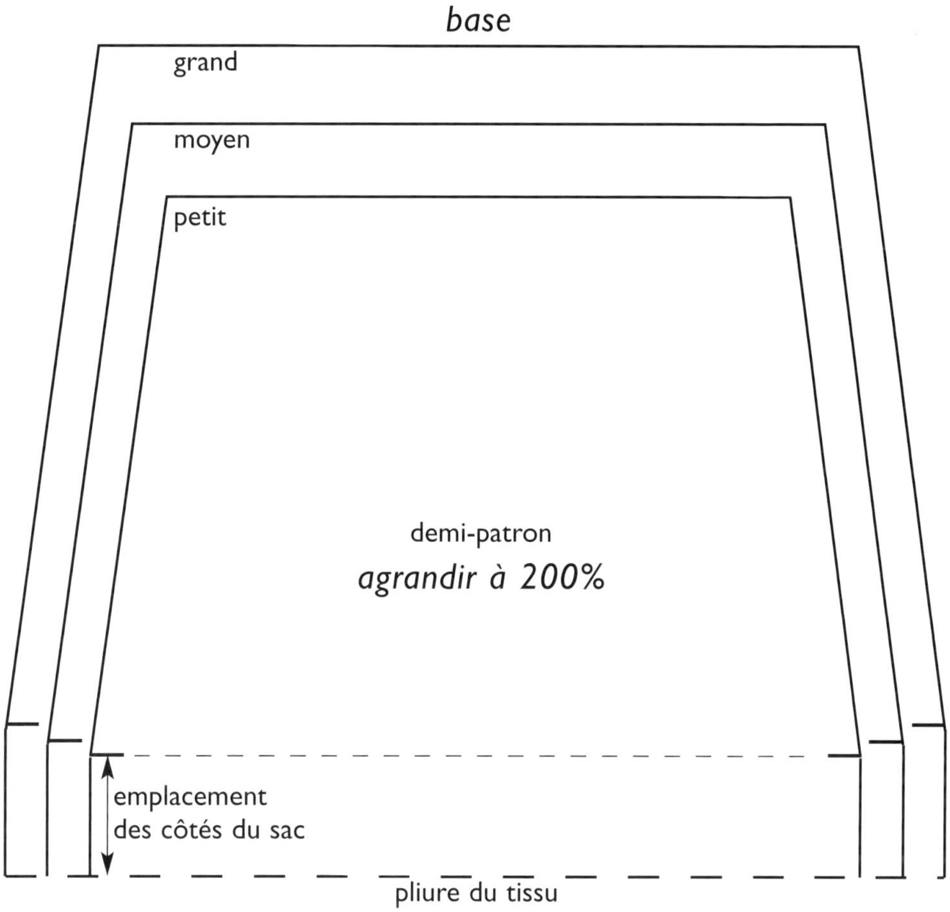

feuilles à broder

Taille réelle

Montage d'un sac

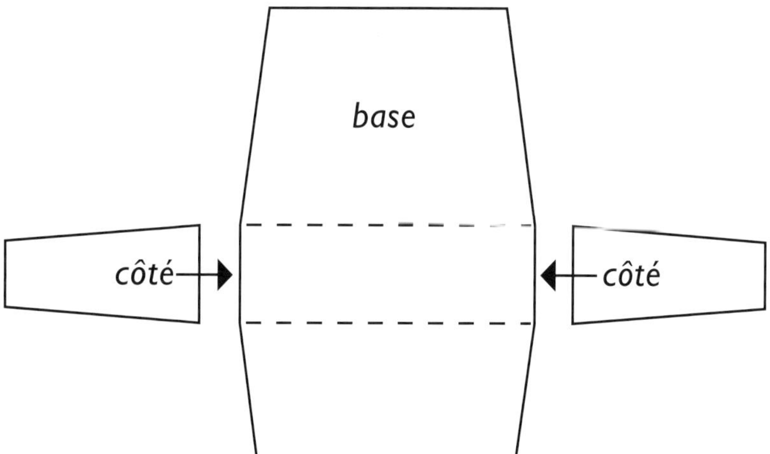

Jeté de table printanier

Pochoir de l'angle

Jeté de table printanier

Pochoir de la couronne

Remerciements

L'éditeur et les auteurs remercient les fleuristes pour la création des bouquets, ainsi que les sociétés et les magasins suivants pour leur contribution à la réalisation des ouvrages :

Les fleuristes :

« Mariage féerique »

Thalie
223, rue Saint-Jacques
75005 Paris
Tél. : 01 43 54 41 00

« Mariage romantique »

Atelier Descamps
23, rue Pierre-Curie
92400 Courbevoie
Tél. : 01 46 67 15 50

« Mariage passion »

Urban Nature
58, rue d'Argout
75002 Paris
Tél. : 01 42 21 47 47

« Mariage champêtre »

Christian Morel
44, rue Oberkampf
75011 Paris
Tél. : 01 49 23 94 33

Les magasins :

Rougier et Plé
9 magasins en France
Renseignements : 01 65 54 70 00
Vente par correspondance : 01 64 54 70 00
Minitel : 3615 Rougier et Plé
Internet : www.rougieretple.fr

Graphigro
10 magasins en France
Renseignements : 01 42 58 08 08
Vente par correspondance : 01 42 58 08 08
Internet : www.graphigro.com

Bouchara
1-3, rue Lafayette
75009 Paris
Tél. : 01 42 80 66 95

Marabu France SARL
16/20, rue Marcel-Dassault
93141 Bondy Cedex
Tél. : 01 48 02 73 73

Mokuba
18, rue Montmartre
75001 Paris
Tél. : 01 40 13 81 41

Papiers et Cartons
38, rue de Passy
75016 Paris
Tél. : 01 45 25 36 36

Compagnie des Étoffes
13, rue Mézières
75006 Paris
Tél. : 01 45 48 93 18

Galeries Lafayette
40, Bd Haussmann
75009 Paris
Tél. : 01 45 26 53 74

La droguerie
9, rue du jour
75001 Paris
Tél. : 01 45 08 93 27
Magasins également à Bordeaux, Clermont-Ferrand, Lille, Lyon, Montpellier, Nantes, Toulouse

Thibierge et Comar
15, avenue Gourgaud
75017 Paris
Tél. : 01 42 67 17 17

Loisirs et Création
53, rue de Passy
75016 Paris
Points de vente : 01 42 15 13 43

Verrerie Cristallerie d'Arques
6, place des États-Unis
75016 Paris
Tél. : 01 47 23 72 19

Nous remercions également tous ceux qui ont contribué à donner du charme à la composition de nos photos d'ambiance et d'ouvrages :

Denise Chouchan-Daubresse
Verre soufflé à la canne
Tél. : 01 45 22 01 28

Marie Christophe
Créatrice d'objets en fil de fer
Tél. : 01 42 51 56 80

Ladurée
Rue Royale
75008 Paris
Tél. : 01 42 60 21 79

Saint-Louis
13, rue Royale
75008 Paris
Tél : 01 40 17 01 74

Les Fées d'herbe
23, rue Faidherbe
75011 Paris
Tél. : 01 43 70 14 76

Le Jacquard Français
Points de vente : 03 29 60 09 64

Caravane
6, rue Pavée
75004 Paris
Tél. : 01 44 61 04 20

Lolita Lempika
78, avenue Marceau
75008 Paris
Tél. : 01 40 70 96 96

Point à la ligne
67, avenue Victor-Hugo
75016 Paris
Tél. : 01 45 00 87 01

Martial
Renseignements
Tél. : 01 40 74 08 90

Astier de Vilatte
173, rue Saint-Honoré
75001 Paris
Tél. : 01 42 60 74 13

Max Chaoul
55, quai des Grands-Augustins
75006 Paris
Tél. : 01 43 25 44 02

J.-L. Coquet
11, rue Royale
75008 Paris
Tél. : 01 53 05 12 12

AMPM
Catalogue en vente
Tél. : 0803 349 349

« Mariage féerique »

La Maison de l'Amérique latine qui a eu la gentillesse de mettre à notre disposition ses salons et son jardin
217, Bd Saint-Germain
75007 Paris
Tél. : 01 49 54 75 00
Carafe en verre soufflé : Denise Chouchan-Daubresse
Nappe : Le Jacquart français
Verres : Saint-Louis
Alliances : le manège à bijoux Leclerc
Robe et voile brodé : Max Chaoul
Coussin matelassé : AMPM

« Mariage romantique »

Michel Charrier, aquarelliste, pour nous avoir ouvert les portes de son magnifique jardin.
Assiettes, tasse à café, papillons, oiseaux : les Fées d'herbe
Verres : Saint-Louis
Nappe : L'eau à la bouche - Le Jacquard français
Coussins en soie : Caravane
Rubans : Mokuba
Robe de mariée et voile : Lolita Lempika
Lampions en tissu : Point à la ligne
Dragées : Martial
Pyramides de macarons : Ladurée

« Mariage passion »

Marie Christophe, pour avoir mis à notre disposition son appartement.
Lustre en fil de fer : Marie Christophe
Robe de mariée : Max Chaoul
Nappe : Le Jacquard français
Assiettes blanches et bols : J.-L. Coquet

« Mariage champêtre »

Coupe Médicis : Christian Morel
Vaisselle, broc, oiseau en céramique : Astier de Vilatte
Champagne : Un amour de Deutz
Robe de mariée : Max Chaoul